Todos los libros de Linkgua Ediciones cuentan con modelos de Inteligencia Artificial entrenados por hispanistas. Pregúntale al chat de tu libro lo que desees acerca de la obra o su autor/a.

Para **ebooks**: Accede a nuestro modelo de IA a través de este enlace.

Para **libros impresos**: Escanea el código QR de la portada con tu dispositivo móvil.

Obtén análisis detallados de nuestros libros, resúmenes, respuestas a tus preguntas y accede a nuestras ediciones críticas generativas para una experiencia de lectura más enriquecedora.
La transparencia y el respeto hacia la autoría de las fuentes utilizadas son distintivos básicos de nuestro proyecto. Por ello, las respuestas ofrecen, mediante un sistema de citas, las fuentes con las que han sido elaboradas.

Anónimo

Don Juan Facundo Quiroga

Barcelona 2024
Linkgua-ediciones.com

Créditos

Título original: Don Juan Facundo Quiroga.

© 2024, Red ediciones S.L.

e-mail: info@Linkgua-ediciones.com

Diseño de cubierta: Michel Mallard.

ISBN rústica ilustrada: 978-84-9816-752-8.
ISBN ebook: 978-84-9953-055-0.

Sumario

Brevísima presentación

La vida del caudillo argentino Juan Facundo Quiroga fue relatada por diversos autores del siglo XIX. El presente poema se suma a otras obras sobre este personaje histórico publicadas por Linkgua. Entre ellas destaca además la biografía de Quiroga que escribió Sarmientos.

1.ª Parte

Don Juan Facundo Quiroga,
general de mucho bando,
Que tuvo tropas de líneas
Muchos pueblos a su mando.
Hombre funesto y terrible
Que fue el terror de Los Llanos,
Era feroz, sanguinario,
Bárbaro, cruel e inhumano.
Tenía por apodo «El Tigre»,
Por su alma tan alevosa,
Por su presencia terrible
y su crueldad espantosa.
Salta, Tucumán, Santiago,
Se hallaban desavenidos.
Marchó Quiroga a arreglarlos
Para dejarlos unidos.
Al partir le dice al pueblo
Como algo que ya presiente:
Sí salgo bien, volveré,
Si no ¡Adiós, para siempre!
Al ausentarse Quiroga
Ya le anunciaba el destino
Que había de perder la vida,
En ese largo camino.
Llevaba por compañero
A su secretario Ortiz,
Y apuraba la galera
En aquel viaje infeliz.
A pocas horas de andar

En un arroyo fangoso,
Se le agarró la galera,
Y allí se puso penoso.
Acude el maestro de posta,
Mas no pudiendo salir,
Al maestro mismo, Quiroga,
A las varas lo hizo unir.
Al fin pudieron zafar,
Y como una exhalación
Cruzaba el coche la pampa,
Sin hallar interrupción.
En cada posta que llega,
Pregunta muy afligido
La hora que ha pasado un chasqui
De Buenos Aires venido.
Le contestan que hará una hora,
Entonces, con duro acento,
¡Caballos!, les pega el grito,
¡Sin pérdida de momento!
Y su marcha continúa,
Mas quiso también el cielo,
Molestar a ese bandido
Que había ensangrentado el suelo.
Durante tres días seguidos
Le hace llover permanente;
Se pone el camino horrible
Convertido en un torrente.
Al entrar en Santa Fe,
Se le aumenta su inquietud
Y en desesperada angustia,
Se pone con prontitud.
Le avisan que no hay caballos

En la «Posta de Pavón»
Y que el maistro estaba ausente,
Para mayor confusión.
Sufre una horrible agonía
Al prever una parada,
Y grita ¡Traigan caballos!
Con una voz angustiada.
Causaba asombro de ver
En este hombre tan terrible,
Ese extraño sobresalto
Donde el miedo era visible.
Después que logran marchar
Dice, viendo para atrás:
—«Si salgo de Santa Fe
No temo por lo demás.»
Al pasar el río Tercero
Todos los gauchos acuden,
A ver a ese hombre famoso,
Tal vez que en algo le ayuden,
De allí lo hicieron pasar
Casi alzando la galera.
Por último, llega a Córdoba,
Donde Reinafé lo espera.
Estando en la posta ya,
Pidiendo a gritos caballos,
Ha llegado Reinafé,
Solícito a saludarlo.
Quiroga a las nueve y media
Había a este punto llegado,
No encontró caballo pronto,
Por su arribo inesperado.
Muy amable Reinafé

Lo invitaba atentamente:
—Pase en la ciudad la noche,
Lo atenderé dignamente.
Pero el salvaje Quiroga,
Sin ninguna educación,
Dice: ¡Caballos preciso,
Para mejor atención!
Viéndose así Reinafé,
Por ese hombre, despreciado,
Se regresó a la ciudad
Enteramente humillado.
Le llevaron los caballos
A las doce de la noche,
Hora en que siguió su viaje
Con Ortiz dentro del coche.
Al fin Quiroga llegó,
A Tucumán y Santiago,
Arregló todas las cosas
Y emprende su viaje aciago.
¡A Córdoba! pega el grito,
Y los postillones tiran,
Resuenan los latigazos
Y los caballos se estiran.
Quiroga lo sabe todo,
Hasta el peligro salvado,
Sabe el grande que le espera
Del enemigo burlado.

2.ª Parte

Mientras tanto Reinafé
Le prepara los puñales,
Que habían de acabar con él
En desiertas soledades.
Proponen los Reinafé.
Como hombres muy advertidos,
Llamar a un tal Santos Pérez
Y a otros gauchos pervertidos.
Santos Pérez se presenta,
Como mozo de obediencia
Y ¡Santas noches!, le dice:
¿Cómo se halla Vuecelencia?
Allí mismo le proponen
El matar a Don Facundo,
Haciéndole ver el bien
Que hará a la patria y al mundo.
Y le dice Santos Pérez:
—«Yo he de rendir obediencia
Pero si lleva la firma
de manos de Vuecelencia.»
Al escritorio se entraron,
Estos hombres ya entendidos,
A trabajar este plan,
Sin que puedan ser sentidos.
Y le dice Santos Pérez,
Al acabar de firmar:
Preciso en este momento
Un chasqui para mandar.
Y manda al Totoral Grande

Que vuelvan por El Chiquito,
Que le llaman a su gente,
Yaques, Juncos y Benito.
Yaques, juncos y Benito,
Estos eran los bomberos,
Que marchaban adelante
Señalando el derrotero.
Hacia el sud de «El Ojo de Agua»
Al correo habían topado,
Le preguntaron del coche,
Que a dónde lo había dejado.
Y le responde el correo,
Hablando por sus cabales:
En la posta «El Ojo de Agua»
Quedan mudando animales.

3.ª Parte

Quiroga seguía su viaje
Sin mayor inconveniente,
Fía en el terror de su nombre
Y su orgullo de valiente.
Un poco antes de llegar,
A la posta «El Ojo de Agua»
Un joven salió del monte,
Pidiendo que se pararan.
Quiroga asomó primero
Preguntando: ¿Qué se ofrece?
—«Señor, quiero hablar a Ortiz,
Si inconveniente no hubiese.»
Baja Ortiz de adentro el coche
Para saber lo siguiente:
«Deben matarlos a ustedes
«Santos Pérez con su gente.
«Se hallan en Barranca Yaco
«Aguardando a la galera,
«Del camino a los dos lados
«Se han colocado de espera.
«Tienen orden de matar
«De postillones arriba,
«Ninguna debe salvar
«Ni los caballos con vida.
«Aquí tiene este caballo
«Que le traigo para usted,
«Con el deseo de salvarlo
«A casa lo llevaré.»
Era un joven Sandivaras

Con un caballo ensillado
Que quiere salvar a Ortiz,
Por un servicio prestado.
Con semejante noticia
Ortiz se puso a temblar
Y manifestó a Quiroga
No debían continuar.
Entonces dijo Quiroga:
—No tenga ningún cuidado
Mañana mismo esos hombres,
Estarán a mi mandado.
Facundo agradece al joven,
Y de nuevo lo interroga,
Mas le dice: —¡No ha nacido
Quien lo matará a Quiroga!
A un grito mío la partida,
A mi orden se ha de poner,
Y hasta Córdoba hemos de ir,
Mañana usted lo ha de ver.
Llegaron al «Ojo de Agua»
Y allí saben igual cosa,
Pasando el pobre de Ortiz,
La noche más angustiosa.
Esa noche sin dormir
Pasó en amarga congoja,
Todas las horas pensando,
En sus hijos y en su esposa.
Le manifiesta a Quiroga
Su intención de no seguir,
A lo que éste le contesta:
—Es peor, amigo, no ir.
Tuvo Ortiz que someterse

Sufriendo mayor suplicio,
Y como humilde cordero,
Marchaba a su sacrificio.

Quiroga llamó a su negro,
Que le servía de asistente,
En él ponía su confianza
Porque era hombre muy valiente.

Le ordenó limpiar las armas
Y tenerlas bien cargadas,
Por si llega la ocasión
De ser bien aprovechadas.

Y alzando nubes de tierra
Se alejaron de estos puntos.
El polvo íbalos cubriendo
Porque iban a ser difuntos.

En la «Posta de Intiguasi»
No fueron pronto auxiliados,
Dándoles tiempo a los gauchos
Que estuvieran preparados.

4.ª Parte

Al pie de «Barranca Yaco»
Treinta hombres había apostados,
Para asaltar la galera
En cuanto hubiera llegado.
Ya sienten los latigazos
De los pobres postillones,
Y el andar de la galera
Que viene a los sacudones.
Ya miran venir el coche
Rodando por el camino
¡A la carga! dice Pérez,
Matemos a ese asesino.
¡Bendito Dios poderoso!
En aquel terrible asalto,
Un loro que allí venía,
Les gritaba que hagan alto.
«Hagan alto», decía el loro,
Con su lengüita parlera,
«Hagan alto, mi general,
«Que le asaltan la galera.»
Y se asomó el general
Con sus armas apuntando,
Y pega el grito: A esa gente,
¿Quién la viene gobernando?
Le responde Santos Pérez
Y de este modo lo trata:
«La hora te llegó, Quiroga,
«Pierdes la vida y la patria.»
—¡No me mates, Santos Pérez!

Le gritaba el general...
Dame tregua de minutos
Siquiera para rezar.
Le responde Santos Pérez:
—Yo, tregua no te he de dar,
Yo no te daré más tregua
Que al golpe de un pedernal.
Y le dio un tiro en el ojo
Sin dejarlo respirar,
Y le dice: ¡Oiga el Quiroga!
Se acabó ese general.
También mataron a Ortiz
A pesar de sus clamores.
Allí sí que la pagaron
Los justos por pecadores.
Diez muertes son las que hicieron
Con unos dos postillones,
Que al ver morir a uno de ellos
Se partían los corazones.
—¡No me mate, señor Santos!
Le decía el postillón,
«señor, ¡líbrame la vida,
«Téngame usted compasión!»
Le respondió el gaucho Pérez:
—Yo no te puedo salvar
Porque si te dejo vida
Tú mismo me has de juzgar.
Entonces dice uno de ellos:
«De favor le pediré,
señor, líbrele la vida,
Yo con él me ausentaré.»
Por respuesta Santos Pérez

Le voló todos los sesos,
Enseguida al postillón
Le cortó libre el pescuezo.
Pegó un grito el postillón
Cuando el cuchillo le entró.
Este grito, decía Pérez,
Que siempre lo atormentó.
Se le grabó en el oído
Aquel grito lastimero,
Y en todas partes oía
Del niño aquel ¡ay! postrero.
Después de hacer estas muertes
A ese gaucho le pesó,
Y desfilando de a cuatro,
A Sinsacate marchó.
Tomó por refugio el monte
A causa de su delito,
Y allá oyó continuamente
De aquel postillón el grito.
Al fin lo empuja el destino,
O de sus muertos las almas,
A volver a la ciudad
A la casa de su dama.
Hacía unas cuantas noches
A que Pérez, disgustado,
Dio una paliza a su dama,
Y luego se había ausentado.
¡Buenas noches, le dice ella!
¿Cómo has podido venir?
Está la cama tendida,
Ven, acostate a dormir.
El gaucho estaba borracho,

Y ella con gran aflicción,
Lo invitaba a que se acueste
Con su traidora intención.
Este gaucho era temido,
Por su valor temerario,
Por muchos hechos de sangre
en «La Sierra» y «El Rosario».
La policía lo buscaba
Temerosa de encontrarlo,
Porque temblaba de miedo
Al sólo pensar de hallarlo.
Ella se acostó con él,
Y al sentir que se ha dormido
Se levantó de la cama
Procurando no hacer ruido.
Cuando ya se hubo vestido,
A la calle se salió,
Y en marcha a la policía
Corriendo se presentó.
—¡Albricias!, le dice al jefe,
Y él dice: Las puede dar.
—A Santos lo tengo en casa,
Si lo quiere asegurar:
A esto le contestó el jefe:
¡De dónde vas a saber
Si Santos no ha de venir,
Ni aun lo has de conocer!
Y le responde la dama:
¡Como no hi conocer
Si ahora noches pasadas
Yo supe dormir con él!
Entonces le dice el jefe:

Cuatro onzas te voy a dar
Y te voy a premiar bien
Si lo haces asegurar.
Y le responde la dama:
Sin nada de eso, señor,
Mande la escolta conmigo
Y ya vendrá el malhechor.
El jefe le dio los hombres
Y a sus órdenes los puso.
Vivo o muerto lo han de traer
Enseguida, les repuso.
Cuando ya estuvieron cerca,
Un poco antes de llegar,
Les dice: Esperen aquí,
Que lo voy a desarmar.
Allí quedaron los hombres
Esperando que volviera,
Y preparando las armas
Por lo que tal vez pudiera.
Ya asomó por la ventana
Haciendo señas por cierto
De arrimarse sin cuidado,
Que el gaucho parecía muerto.
Sin embargo no llegaban
Creyendo en esa ocasión
Que aquella mujer pudiera
Hacerles una traición.
¡Qué diablos de cordobeses,
Les dice aquella mujer,
Si ustedes no habían servido
Ni para sapos prender!
Al fin llegan a la puerta

Y empiezan a tiritar,
Ni aún oyendo los ronquidos
No se quieren arrimar.
Al fin pudieron entrar
Y le rodiaron el lecho,
Poniendo todas las armas
Apuntadas a su pecho.
¡Bienhaya el valor de Santos
Y la leche que mamó!
Después de estar apretado
A sus armas manotió.
Ya se levanta la dama
Haciéndose que llorar:
¡Lo llevan a mi querido,
No me podré consolar!
Y le dice Santos Pérez:
¡Qué te hacís la que llorás,
Con estos llantos fingidos
A mí no me has de engañar!
Ya lo llevan a la cárcel
A que sufra allí su pena,
Para más seguridad
Le ponen una cadena.
Después pasó a Buenos Aires
A donde fue procesado
Y ante un gentío numeroso
En la plaza fusilado.
¡Amigos, aquí presentes!
Que les sirva de ejemplar
La vida de Santos Pérez
Y cómo vino a acabar.

Libros a la carta

A la carta es un servicio especializado para
empresas,
librerías,
bibliotecas,
editoriales
y centros de enseñanza;
y permite confeccionar libros que, por su formato y concepción, sirven a los propósitos más específicos de estas instituciones.

Las empresas nos encargan ediciones personalizadas para marketing editorial o para regalos institucionales. Y los interesados solicitan, a título personal, ediciones antiguas, o no disponibles en el mercado; y las acompañan con notas y comentarios críticos.

Las ediciones tienen como apoyo un libro de estilo con todo tipo de referencias sobre los criterios de tratamiento tipográfico aplicados a nuestros libros que puede ser consultado en Linkgua-ediciones.com .

Linkgua edita por encargo diferentes versiones de una misma obra con distintos tratamientos ortotipográficos (actualizaciones de carácter divulgativo de un clásico, o versiones estrictamente fieles a la edición original de referencia).

Este servicio de ediciones a la carta le permitirá, si usted se dedica a la enseñanza, tener una forma de hacer pública su interpretación de un texto y, sobre una versión digitalizada «base», usted podrá introducir interpretaciones del texto fuente. Es un tópico que los profesores denuncien en clase los desmanes de una edición, o vayan comentando errores de interpretación de un texto y esta es una solución útil a esa necesidad del mundo académico.

Asimismo publicamos de manera sistemática, en un mismo catálogo, tesis doctorales y actas de congresos académicos, que son distribuidas a través de nuestra Web.

El servicio de «libros a la carta» funciona de dos formas.

1. Tenemos un fondo de libros digitalizados que usted puede personalizar en tiradas de al menos cinco ejemplares. Estas personalizaciones pueden ser de todo tipo: añadir notas de clase para uso de un grupo de estudiantes, introducir logos corporativos para uso con fines de marketing empresarial, etc. etc.

2. Buscamos libros descatalogados de otras editoriales y los reeditamos en tiradas cortas a petición de un cliente.

www.ingramcontent.com/pod-product-compliance
Lightning Source LLC
Chambersburg PA
CBHW030011040426
42337CB00012BA/737